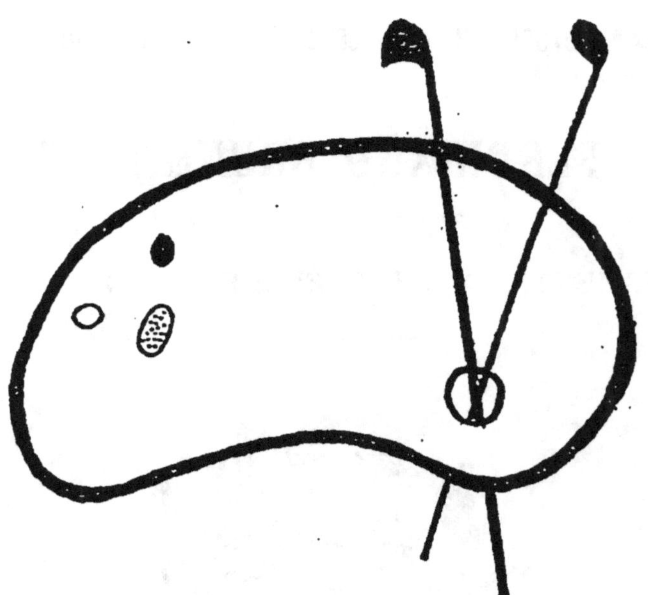

FIN D'UNE SERIE DE DOCUMENTS
EN COULEUR

SCIENCE ET RELIGION

Études pour le temps présent

LES RAISONS ACTUELLES DE CROIRE

Discours prononcé à Lille le 18 Novembre 1900

POUR LA CLOTURE DU 27ᵉ CONGRÈS DES CATHOLIQUES DU NORD

PAR

FERDINAND BRUNETIÈRE

de l'Académie française

AUGMENTÉ D'UNE PRÉFACE ET DE NOTES

PARIS

LIBRAIRIE B. BLOUD

4, RUE MADAME ET RUE DE RENNES, 59

1902

PRÉFACE

Un fort honnête homme, l'ancien doyen de la Faculté de théologie protestante de Paris, M. Auguste Sabatier, qui me faisait ce grand honneur de ne pas laisser échapper une occasion de me contredire, m'a reproché un jour de n'être qu'un « Évolutionniste » et un « Positiviste » ; et il avait tort de me le reprocher (je le pense du moins ainsi), mais il avait raison d'en faire la remarque. La France, depuis Descartes, n'a pas eu de penseur plus original ou plus profond qu'Auguste Comte ; et l'Angleterre, depuis Newton, n'a pas connu de savant plus illustre que Darwin, ni dont la doctrine ait engendré plus de conséquences. J'admire donc Darwin et Auguste Comte. Je les admire tant, qu'après avoir employé quelque trente ans de ma vie à me les « convertir en sang et en nourriture », selon le mot d'un vieil auteur, j'ai formé le projet d'en employer le reste à tirer de l'*Origine des Espèces* et du *Cours de*

Philosophie positive, les moyens d'une apologétique nouvelle, qu'on trouvera, je le sais bien, non moins hasardeuse que nouvelle, mais dans l'avenir de laquelle je ne mets cependant pas moins d'espoir que de confiance.

Le discours qu'on va lire, sur les *Raisons actuelles de croire,* qui continue le discours sur le *Besoin de croire,* et que continuera lui-même un troisième et prochain discours sur les *Motifs d'espérer*, est un essai de cette méthode.

On a souvent loué l'Église catholique de la faculté qu'elle possédait, seule au monde et dans l'histoire, d'absorber la plupart de ses propres hérétiques, — et on entend par là ceux qui dans une autre Église, telle que l'Anglicane ou la Russe n'auraient jamais pu concilier leur opinion personnelle avec l'étroitesse du symbole et la rigueur de la discipline. Le moment approche où une nouvelle apologétique non seulement n'aura plus rien à craindre de ses plus éminents contradicteurs, mais les absorbera, comme l'Église a fait de ses hérétiques, et où de leurs aveux et même de leurs objections, nous verrons surgir de nouvelles raisons de croire. Aurai-je réussi à le montrer dans ce discours ? Je ne sais ! Mais si la méthode a été jadis indiquée par le cardinal Newman, les effets suffisent, depuis un demi-siècle, à en prouver toute la fécondité. C'est ce que je prendrai la liberté de rappeler à tous ceux que ce titre : *Les Raisons actuelles de croire,* a un peu émus. Et si par hasard, je ne les avais pas convaincus, je les supplie de songer en ce cas, qu'en dépit de l'orateur ou de l'historien qui l'explique mal, une méthode n'en conserve pas moins toute sa valeur ; qu'à des nécessités nouvelles, il faut opposer de nouveaux moyens de défense ou d'action ; et que la tentative n'en saurait être dangereuse, lorsque l'on déclare hautement que, pour en être l'auteur, on ne s'en croit pas d'ailleurs le juge.

1er Novembre 1901.

Les Raisons actuelles de Croire

Il y a deux ans, à pareille époque; — et, en vérité, je pourrais dire jour pour jour, puisque c'était le 19 novembre, — à Besançon, pour la clôture du Congrès de la Jeunesse catholique, je parlais du « *Besoin de croire* » (1). J'essayais de montrer qu'inséparable de la notion ou de la définition même de l'homme, le besoin de croire est tellement inhérent à la constitution de notre esprit que personne, jusqu'ici, n'a pu réussir à le détruire en soi; et, si jamais quelqu'un y devait réussir, je m'efforçais de faire voir qu'il aurait ruiné du même coup le fondement de la connaissance, les conditions de l'action, et l'objet même de l'espérance humaine.

(1) Voyez *Discours de Combat* ; 1 vol. in-18, Perrin, éditeur.

Je voudrais faire un pas de plus aujourd'hui ; je voudrais, Messieurs, vous parler des « *Raisons actuelles de croire* » ; et, comme cette expression même de *Raisons actuelles de croire* soulève d'abord une objection, c'est donc aussi cette objection que je voudrais d'abord essayer de repousser.

I

Elle est spécieuse, et elle est captieuse ! Et, en effet, se proposer de développer les raisons *actuelles* de croire, n'est-ce pas, dit-on, donner à croire que nos raisons de croire ne seraient pas *éternelles ?* « La vérité venue de Dieu, selon le mot du grand orateur, n'a-t-elle pas d'abord toute sa perfection » ? Et, conséquemment, en tous temps, les raisons d'y croire n'ont-elles pas eu, n'auront-elles pas toujours leur force de conviction ? En nous en proposant d'*actuelles*, dit-on encore, vous accordez imprudemment qu'il y en a de *surannées*, dont l'autorité passagère n'aurait dépendu jadis que de la circonstance ou de l'opportunité. Imprudemment, dans une religion qui s'est jusqu'à présent définie par l'immutabilité de son dogme, vous introduisez un principe de variation et de changement. Laissons même le dogme, et ne parlons que d'apologétique. Le mot seul dont vous vous servez devrait vous avertir qu'avec l'*actualité*, c'est la *contingence* ou la *relativité* que vous mettez au cœur de vos démonstrations. Est-ce qu'il y a des raisons de croire pour le nègre, et des raisons de croire pour le blanc ? Comment donc y en aurait-il de différentes pour les contemporains d'Hæckel et de Darwin, ou pour ceux de Descartes et de Newton ? A travers le temps comme à travers l'espace, les hommes, inégaux à tant d'autres égards, sont au moins égaux devant Dieu. Quelles que soient les raisons qui aient déterminé la croyance du publicain et du centenier de l'Évangile, ou ces raisons n'ont jamais eu de valeur, ou elles n'ont rien perdu de leur force et de leur autorité. Parlez-nous donc, si vous le voulez, de ces raisons de croire ! Parlez-nous des raisons *éternelles*, des raisons *immuables,* des raisons *absolues* de croire ! Mais gardez-vous de compromettre l'objet même de la foi dans l'aventure de vos raisons *actuelles* ou *momentanées.* A moins, ajoute-t-on, qu'*actuelles* ne soit peut-être pour vous synonyme de *politiques ;* — et, au fond, c'est bien ce que nous pensons. *Actuelles,* vos raisons de croire ne le sont que de ce qu'elles ont d'inavouable ! En nous les proposant, vous avez une « pensée de derrière la tête », et véritablement elles n'en sont que le masque. *Omnia pro dominatione !* Ce n'est pas la « croyance » que vous voulez soutenir, c'est « l'opinion » que vous prétendez conquérir. Vous essayez de mêler la religion dans une querelle où elle n'a que faire ; et peu vous importe ce qu'il en advienne, si vous avez pu la transformer en un instrument de combat actuel et de règne futur !

Telle est, Messieurs, l'objection dans sa force, que nos adversaires ne me reprocheront pas d'avoir affaiblie, je l'espère ; et, avant tout, quelque répugnance que j'éprouve à parler de moi, vous me permettrez de la diviser, pour écarter, — oh ! sans colère, mais avec mépris seulement, — ce qu'elle pourrait avoir de personnel. Dans ce que je dis ou dans ce que j'écris, je ne reconnais donc à personne le droit de voir d'autres intentions que celles qui ressortent de mes paroles mêmes. Quand je parle du *Besoin de croire*, je parle du *Besoin de croire*, et de rien autre chose. Je ne fais point de politique, et je n'ai pas de « pensée de derrière la tête ». Je tâche d'exprimer clairement des idées qui me semblent justes, et j'attaque ou je combats, de mon mieux, des idées qui me paraissent fausses. Pareillement, Messieurs, quand je parle, comme aujourd'hui, des *Raisons actuelles de croire,* aucune autre intention ne me guide que de considérer et de développer, entre toutes les raisons de croire, celles qui me paraissent avoir, avec notre « mentalité » contemporaine, une relation plus étroite, une liaison plus particulière, une connexion plus intime. Et, si l'on me répond qu'il n'y en a pas, qu'il n'y en saurait avoir de telles, c'est ici seulement que, d'injurieuse ou de simplement grossière, en devenant perfide, l'objection devient intéressante et vaut la peine qu'on y réponde.

Il n'y a pas une apologétique, nous dit-on, pour le nègre, et une apologétique pour le blanc ! Mais, Messieurs, si nous sommes sincères, est-ce que ce n'est pas le contraire qui est vrai ? Ce qui est vrai, c'est qu'on ne met aux mains d'un nègre du Soudan ni le *Génie du Christianisme* de Chateaubriand, ni les *Pensées* de Pascal, ni l'*Institution chrétienne* de Calvin ! On ne procède pas non plus de la même manière, par les mêmes arguments, à l'évangélisation du Malgache, idolâtre et polythéiste, ou à la conversion de l'Arabe, monothéiste et musulman. Les raisons de croire qui déterminent la soumission d'un brahmane ou l'assentiment d'un bouddhiste ne sont pas celles qui opèrent sur un Canaque ou sur un Maori. Et jusqu'au milieu de nous, Messieurs, qui ne sait, pour en avoir vu de mémorables exemples, que ce ne sont pas les mêmes raisons qui ont décidé, du protestantisme au catholicisme, le passage d'un Newman ou celui d'un Manning (1) ? *A fortiori,* dans la suite des temps, les mêmes raisons ne peuvent-elles toujours avoir eu la même autorité ! La démonstration des vérités, même mathématiques, n'a pas été toujours ce qu'on appelle également *topique.* Elle n'a pas d'abord atteint

(1) Il y aurait sur ce sujet un beau livre à écrire, et dont le titre serait : *La Psychologie de la Conversion,* auquel on donnerait cette idée pour fondement que, ni la vérité n'attire à soi toutes les intelligences par le même côté d'elle-même, ni la religion ne touche tous les cœurs au même endroit, ni par conséquent toutes les conversions ne s'opèrent pour les mêmes raisons ou ne procèdent de la même origine. C'est ce que le cardinal Wiseman a si bien montré jadis, dans une de ces *Conférences* qui firent en Angleterre le commencement de sa réputation.

« Lorsque Philippe rencontra sur le grand chemin l'eunuque de la reine d'Éthiopie, il le trouva lisant un passage d'Isaïe, et sur ce seul passage il le convainquit de la vérité du christianisme et l'admit au baptême... Mais quand saint Paul arrive au milieu des Gentils, et qu'il se présente devant les doctes athéniens, il ne fait point appel aux prophètes auxquels ils ne croyaient point, ne les connaissant même pas, et a recours à des prières d'un ordre tout différent...

« Un peu plus tard, nous voyons l'Église suivre le même principe d'apostolat ; et au 1er siècle, au IIe, au IIIe, c'est sur l'exposé de motifs d'ordre absolument différent que l'on établit la vérité de la religion et que les hommes y adhèrent...

« Et maintenant, pour en venir à notre propre époque, on retrouve la même variété de motifs de

toute sa perfection. Les mêmes raisonnements n'ont pas toujours eu le même pouvoir sur les esprits des hommes.

> Quelquefois l'un se brise où l'autre s'est sauvé,
> Et par où l'un périt un autre est conservé.

En apologétique, aussi bien qu'en histoire, il nous faut donc compter avec la succession et

crédibilité dans les écrits de ceux qui, ces dernières années, ont embrassé la foi catholique, spécialement en Allemagne (1835). L'un d'eux, qui a consacré sa vie à l'étude de l'histoire et qui enseignait cette science dans une des plus célèbres universités, nous apprend qu'il est devenu catholique rien qu'en appliquant les principes de la critique historique à l'histoire de l'Europe. Un autre se laisse convaincre par des motifs tirés de la philosophie de l'esprit humain, qui lui a fait découvrir que la religion catholique seule présente un système religieux répondant à tous les besoins de l'homme. L'enthousiasme d'un troisième s'est enflammé parce qu'on ne trouve nulle part que dans la religion catholique, le principe de tout ce qui est beau dans l'art et dans la nature »...

On multiplierait à l'infini les exemples de ce genre. (Cf. pour les plus récents : Théodore de la Rive : *De Genève à Rome*, Paris, 1897 ; Plon ;—Lady Herbert of Lea : *Comment je suis rentrée au bercail*, Paris, 1898, Perrin ;—Baronne de Kœnneriz : *Ma conversion*, Paris, 1900, Téqui). Et, quoique individuels, comme ils ne laissent pas d'avoir une portée générale, — à cause qu'aucun « motif de crédibilité » ne saurait être, pour ainsi parler, en dehors du plan du christianisme, —il n'y a pas un de ces « cas humains », comme les appelait un vieil auteur, qui ne pût servir de point de départ à toute une direction de l'apologétique.

la diversité des époques. Si nos adversaires ou nos contradicteurs changent eux-mêmes de tactique, nous ne pouvons pas continuer de nous défendre, ou plutôt d'en faire le simulacre, sur les positions qu'ils ont abandonnées ! A des armes nouvelles et « perfectionnées », nous serions de grandes dupes si nous n'opposions toujours que nos vieux fusils de rempart. Nous le serions encore, si, tandis qu'on nous attaque à droite, nous nous obstinions à faire face à gauche. On n'a pas pu combattre de la même manière Pélage, qui exagérait la liberté de l'homme, et Jansénius, qui l'anéantissait. Le *fidéisme* et le *rationalisme* sont deux hérésies contradictoires : nous ne pouvons pas en triompher par les mêmes moyens. Si le rationalisme, puisque nous en parlons, n'a prétendu tirer de nulle part plus d'aide ou de secours, que du progrès des sciences physiques et de l'histoire des religions comparées, nous ne pouvons ni feindre de l'ignorer, ni, le sachant, raisonner comme si nous l'ignorions. C'est le progrès même de l'esprit humain qui, d'âge en âge,

oblige et obligera l'apologétique à se renou-
veler. Il y aura, en tout temps, des raisons de
croire plus *actuelles* que d'autres; il y en aura
toujours de plus conformes que d'autres
aux exigences de l'heure présente ! Et,
nous pouvons en être sûrs, autant de progrès
que fera la libre-pensée, autant, de son côté,
l'apologétique en devra-t-elle faire, et en
fera-t-elle. C'est justement ce que l'on veut
dire, et rien de plus, mais rien de moins,
lorsque l'on parle, comme je fais aujourd'hui,
de l'*actualité* des raisons de croire.

Quant à l'incompatibilité que l'on essaie
d'établir entre ce progrès perpétuel de l'apologétique et l'immutabilité du dogme, je ne
sais, Messieurs, si ce sophisme a parfois trou-
blé quelques-uns d'entre vous, mais ce que
je sais bien, c'est qu'il n'y a pas d'équivoque
plus facile à dissiper. Il n'est question tout
autour de nous, que des progrès de la science
et, — sans examiner de quel prix nous les
avons payés, — je me borne à vous demander
si vous avez quelquefois songé depuis quand,
et à quelles conditions, la science les a

réalisés ? Car la date est certaine ! C'est Messieurs, depuis que la science s'est appuyée, comme sur son inébranlable fondement, sur le principe de l'immutabilité des lois de la nature. Pour avancer, pour progresser, — en mécanique, en physique, en chimie, en histoire naturelle, — il a fallu poser, et sans en être expérimentalement sûr, qu'il y avait quelque part quelque chose d'immuable. Et, en effet, si nous étions, nous et tout ce qui nous entoure, emportés au torrent d'un *phénoménisme* universel, il n'y aurait pas de science ! Il n'y en aurait pas, parce que le progrès de l'observation, celui de l'expérimentation, le progrès même du raisonnement, exigent que les lois soient les lois. Douterons-nous, Messieurs, qu'avant Copernic, avant Képler, avant Galilée, avant Descartes, avant Newton, le système du monde fût tout ce qu'il est ? Mais ni Newton, ni Descartes, ni Galilée, ni Képler, ni Copernic n'auraient pu le découvrir, et en quelque sorte le reconstruire, s'il n'avait été pour chacun d'eux tout ce qu'il était pour ses prédécesseurs. Ce qu'il y a d'immuable et d'identique à soi-même dans la nature nous apparaît donc ainsi comme la condition même du progrès que nous pouvons faire dans la connaissance, dans l'interprétation, dans l'asservissement de la nature à nos fins. Si ce quelque chose d'immuable ne soutenait pas le progrès en son cours, ce nom même de progrès ne serait que celui d'une stérile agitation de l'esprit à la recherche d'une vérité qui le fuirait toujours (1).

(1) J'ai tâché de le montrer naguère, dans une conférence, que j'ai faite à Gand et refaite à Bruxelles, sur l'*Évolution du Concept de Science*, et, ne l'ayant pas imprimée, c'est un de ces sujets que je compte bien reprendre quelque jour ; mais comme on a toujours plus d'ambition que de force ou de loisirs, je serais heureux que quelqu'un me prévînt.

Je voudrais aussi qu'on traitât la question de l'*Évolution du dogme*, ou, pour mieux dire, et, afin d'éviter toute équivoque, puisqu'on a cru pouvoir autrefois nous montrer : *Comment les dogmes finissent*, et *Comment les dogmes renaissent*, je voudrais, tout simplement, que l'on nous montrât : *Comment les dogmes*, ni ne *renaissent* ni ne *finissent*, à parler comme il faut, mais *durent*, tout simplement ; et, à mesure de leur durée, s'enrichissent de tout ce qu'il y avait de vertu latente et de substance cachée dans leur contenu primitif.

Quand Newman, jadis, a essayé de le faire voir dans son célèbre *Essai sur le développement*, 1845, la doctrine évolutive, dont il fut l'un des précurseurs,

Mais pourquoi donc, Messieurs, ce qui est vrai du progrès scientifique ne le serait-il pas également du progrès religieux ? Pourquoi — si l'immutabilité des lois de la nature, bien loin d'être un obstacle au progrès scientifique, le *conditionne* — pourquoi l'immutabilité du dogme entraverait-elle le progrès de l'apologétique ? Et comment enfin, et pourquoi craindrions-nous d'y porter atteinte en parlant, comme nous

était fort éloignée de l'ampleur et de la précision qu'on l'a vue prendre depuis lors. Et, d'un autre côté, l'histoire du dogme avait cessé d'être envisagée de ce point de vue. C'était alors le temps, où, par une contradiction assez singulière, si l'on croyait apercevoir quelque analogie lointaine entre la métaphysique du bouddhisme et celle du christianisme, on en concluait volontiers que les rédacteurs des *Évangiles* s'étaient sans doute inspirés du *Lotus de la Bonne Loi ;* mais si le langage de deux Pères sur « l'Incarnation » ou sur « la Trinité » n'était pas entièrement conforme, on en concluait, non moins hardiment, que leur pensée n'était pas la même sur le fond du mystère, et que le dogme avait donc « varié ».

Il y aurait aujourd'hui lieu de reprendre la question des deux côtés à la fois, si je puis ainsi dire, en s'aidant ensemble de l'histoire du dogme mieux connue et de l'évolution mieux comprise ; et une telle question, de cette importance et de cette opportunité, celui-là ne nous aurait pas rendu un médiocre service qui l'aurait traitée selon toute son étendue !

faisons, de raisons *actuelles* de croire?

Ne tombons pas ici dans le piège que l'on nous tend ! « Nous sommes attachés au trône de l'Être suprême par une chaîne souple qui nous retient sans nous asservir » : vous vous rappelez sans doute cette belle et saisissante image de Joseph de Maistre. C'est ce que j'oserai dire de l'immutabilité du dogme : elle « nous retient sans nous asservir ». Eh, non ! le dogme ne change pas, mais quelque chose évolue d'âge en âge, de génération en génération, et ce sont les intelligences appelées à recevoir ou à concevoir le dogme. Éternelles en leur fond, — c'est-à-dire par rapport au dogme immuable, les raisons de croire diffèrent d'elles-mêmes en leur forme, — c'est-à-dire par rapport à l'esprit qui change. Ce sont toujours les mêmes idées, mais il s'agit de les traduire en des idiomes différents. S'il y a eu de tout temps des raisons *actuelles* de croire, c'est qu'il y a, de tout temps, un état *actuel* de la science et de la « mentalité ». J'ai prononcé les noms de Pascal et de Chateaubriand ; et certes, si deux livres diffèrent l'un de l'autre, ce sont *le Génie du Christianisme* et cette *Apologie* dont les *Pensées* ne sont que les fragments mutilés ! Qui ne sait, cependant, ou qui niera, qu'avec des arguments différents, ce soit la même vérité qu'ils enseignent ? S'ils ne l'établissent pas de la même manière, qu'est-ce que cela prouve, que le contraire de ce qu'on en veut tirer ? Leur croyance est de tous les temps, mais leur langage à tous deux est du leur ; et aussi leur manière de démontrer leur croyance ; et encore le souci de la démontrer à leurs contemporains. Qu'y-a-t-il, Messieurs, de plus naturel, ou de plus légitime, ou de plus nécessaire ? C'est en ce sens qu'il y aura toujours des raisons *actuelles* de croire, éternelles de soi, mais *actuelles* de l'impression plus ou moins vive et profonde qu'elles peuvent opérer sur les esprits d'un temps. Je vais essayer de vous en convaincre, après ce long exorde, en en considérant aujourd'hui de trois sortes : de philosophiques, de morales ou de sociales, de critiques ou d'historiques.

II

Lorsque l'on m'enseignait autrefois, — il y a longtemps de cela ! — l'histoire de la philosophie, et, en particulier, celle de la philosophie scolastique, on ne manquait pas, Messieurs, d'acquitter aux saint Thomas et aux saint Bonaventure le tribut d'admiration auquel ils avaient droit, mais on ne manquait pas non plus d'ajouter qu'à vrai dire leur philosophie n'en était pas une, puisqu'elle dépendait de leur théologie, et que toutes les solutions en étaient prévues ou commandées. Eh bien ! Messieurs, si les solutions de la philosophie étaient alors commandées par la théologie, elles ne le sont plus, j'en conviens, mais j'ose avancer qu'elles n'en sont pas pour cela moins commandées ni moins prévues. La philosophie fera-t-elle encore des découvertes ? Je le souhaite pour elle, et aussi pour nous. Mais ce qui me frappe dans son histoire, c'est que, depuis tantôt trois ou quatre mille ans que nous philosophons, l'esprit humain a rencontré ses bornes ; et, aux trois ou quatre questions qui nous intéressent, comme la question de nos origines ou celle de notre destinée, la philosophie, toutes les philosophies, depuis trois ou quatre mille ans, n'ont pas donné, tout compte fait, plus de trois ou quatre réponses.

Oh ! je sais bien qu'on me dira qu'il y en a davantage ! et on me reprochera de méconnaître ce que tant de belles constructions métaphysiques, tant de beaux et vastes « palais d'idées » ont eu d'original ou de personnel à leurs auteurs. Et, je le dirai donc, je ne le méconnais point ! Non, Messieurs, je ne le méconnais point. Je ne confonds pas Aristote avec Platon, et je sais même distinguer Malebranche d'avec Spinosa ! Je dis seulement qu'à les bien entendre, toutes ces distinctions ne sont que de la « littérature » ; je dis que, s'il ne faut assurément pas méconnaître l'originalité de la forme, il ne faut pas méconnaître non plus l'identité ou l'analogie du fond ; je dis que tant de méthodes, ou tant de voies, — les unes qui semblent si directes, et les autres si détournées, les unes si pénibles et les autres si faciles à suivre, — ne laissent pas enfin d'aboutir toujours aux mêmes solutions. Je dis aussi que, pour y aboutir, et quand je songe à ce que nos philosophes ont dépensé de génie, de science, et d'efforts, je crains que ces solutions n'aient marqué pour jamais les bornes que ne franchira pas l'esprit humain ; je le crains ; — et je crois qu'on peut le montrer (1).

(1) Ai-je besoin de redire à ce propos que je n'en fais pas pour cela moins de cas de la « Philosophie » et de la « Scolastique » même ? Je ne nie pas non plus le progrès philosophique ! Mais ce que je soutiens, c'est que les caractères n'en sont pas du tout les mêmes, ni de la même nature que ceux du progrès scientifique. Le progrès en philosophie n'a rien d'arithmétique, et il ne consiste point dans l'addition de vérités nouvelles à des vérités anciennes. Si les mêmes questions ne s'y posent pas toujours de la même manière, ce sont pourtant bien toujours les mêmes questions. Il s'agit toujours de savoir d'où nous venons ? qui nous sommes ? et où nous allons ? On divisera, on distinguera, on approfondira, soit ! mais il en faudra toujours venir à décider, par exemple, si nous mourons ou si nous ne mourons pas tout entiers, et toujours, à la question posée en ces termes, on aura beau se dérober, il en faudra toujours venir à répondre par oui ou par non. On compliquera le problème ! On nous dira que nous mourons sans mourir, et qu'en mourant nous ne mourons pas ! On nous demandera si seulement nous savons ce que c'est que la mort ? à quels signes on la reconnaît ? et ce que c'est que nous appelons notre être ou notre moi ?

Considérons, par exemple, une seule de ces questions : celle de l'immortalité de l'âme. Notre âme est-elle immortelle ? Ou périssons-nous tout entiers ? Les uns ont donc dit oui, les autres ont dit non, d'autres ont enseigné la doctrine de la transmigration ; et c'est tout. Faites-y bien attention : c'est tout ! Il n'y a pas d'opinion ou de solution sur le problème de l'immortalité de l'âme qui ne

On nous répondra peut-être aussi que ces questions ne nous regardent pas. *Non hic est piscis omnium.* Les mandarins seuls ont le droit de se les poser. Elles passent la compétence du vulgaire !

Mais, en attendant, et sans nous soucier d'en avoir ou non le droit, — ce qui revient à dire : sans avoir besoin d'un diplôme ou d'un bouton de cristal, — si nous éprouvons quelque inquiétude de l'au delà, on ne trouvera pour l'apaiser ou pour l'endormir qu'un nombre fini de solutions ; et la philosophie les a déjà trouvées. Ce sont les pyrrhoniens qui se sont plu à multiplier le nombre des systèmes, mais ce n'est là qu'une pure fantasmagorie. Et, sans doute, il est vrai que Platon, Aristote, Zénon, Plotin, saint Thomas, Duns Scot, Descartes, Leibniz, Malebranche, Kant, Hegel, Schopenhauër ont posé le problème, chacun avec son tempérament et avec son génie, — ce qui est justement ce que j'ose appeler de la *littérature*, question de milieu, question de méthode, question de style, — mais précisément leurs divergences, qui intéressent beaucoup l'histoire de la pensée, n'atteignent pas le fond de la chose ; et l'alternative subsiste : nous mourons ou nous ne mourons pas tout entiers.

Pareillement, éternité de la matière, émanation, ou

se ramène à l'une de ces trois affirmations. Ou bien, créatures d'un jour, nous ne sommes sortis du néant que pour y rentrer ; ou bien notre âme, en nous quittant, se change en une autre âme, émigre au moins dans un autre corps, dans une autre planète ; ou bien cette vie mortelle n'est qu'un passage, et nous en devons rendre compte à Celui qui nous l'a donnée. Raisonnons maintenant sur ces trois solutions ; compliquons-les à l'infini d'hypothèses ingénieuses et subtiles ; imaginons, avec certaines sectes protestantes, une *immortalité conditionnelle*, dont ceux-là seuls jouiraient qui l'auraient méritée, tandis que

création *ex nihilo*, quelle quatrième réponse la « Philosophie » a-t-elle donnée au problème de l'origine du monde ? Débattons-nous encore ici, raffinons et subtilisons, épiloguons, équivoquons, le fait est que d'infinis systèmes, dont chacun sera, si l'on veut, une merveille de l'esprit humain, nous ont entre eux tous fourni trois solutions, pas une de plus, et ils ne nous en fourniront pas d'autres. Et comme d'ailleurs, entre ces trois solutions, la « Philosophie » ne nous fournit pas de raisons de choisir, puisque, si elle nous en donnait et qu'elles fussent péremptoires, les plus illustres philosophes n'auraient pas enseigné presque indifféremment l'une ou l'autre, la conclusion n'est-elle pas évidente ? C'est d'ailleurs que de la « Philosophie » qu'il faut tirer les raisons de notre choix.

ceux qui s'en seraient rendus indignes retom-
beraient au néant; supposons, avec le pan-
théisme, une immortalité qui n'en serait pas
une, si le souvenir et la conscience de notre
vie mortelle sont inséparables pour nous de
la notion d'immortalité, il nous sera toujours
facile de réduire toutes ces suppositions aux
solutions générales dont elles ne sont que
des cas particuliers. Et ne pourrait-on pas
dire qu'à les bien prendre, Messieurs, il n'y
en a pas trois, mais deux seulement, s'il faut
nécessairement que la transmigration ait
elle-même un terme, et que ce terme soit le
néant ou l'immortalité, le *Nirvana* du
bouddhisme, ou la vie nouvelle du chrétien ?

Nous, cependant, qui avons besoin d'une
solution, et qui en avons besoin, non pas
pour satisfaire une vaine curiosité de l'esprit,
mais pour vivre, pour nous diriger dans la
vie, pour savoir en deux mots où est notre
devoir, laquelle choisirons-nous de ces trois
solutions ? En est-il une que la raison ou
le raisonnement nous impose ? Car, sans

doute, il n'y a point ici d'observation ou d'expérience pour terminer le débat? Mais, que le raisonnement ou la raison n'y puissent pas réussir davantage, Messieurs, n'est-ce pas ce que prouve l'histoire de la philosophie? Que ferons-nous donc? Parierons-nous, comme le voulait Pascal? ou nous étourdirons-nous sur l'importance de la question? Non, Messieurs! mais nous tirerons d'ailleurs le principe de notre décision; et la solution que le raisonnement ou la raison sont impuissants à nous assurer, nous la demanderons à la croyance.

Oui, au premier rang des *raisons actuelles de croire,* nous mettrons, je ne dis pas, notez-le bien, l'impuissance de la philosophie, mais, au contraire! la nature des leçons que nous donne l'histoire de la philosophie; et je ne dis pas l'impuissance de la raison humaine, mais au contraire la constatation, scientifique et presque expérimentale, la reconnaissance de son pouvoir et des bornes de son pouvoir (1). Capable de construire de savants et quelquefois admirables systèmes, capable

(1) La distinction est aussi nécessaire que difficile et délicate à préciser. Ce n'est pas proclamer « l'impuissance de la raison » que de poser des bornes au pouvoir de la raison, mais qui posera ces bornes ?

..... Quis custodiat ipsos
Custodes...

Descartes les avait reculées jusqu'à l'infini, et les progrès que la science a réalisés depuis lors ne semblent-ils pas avoir justifié toutes ses espérances ? Mais ces bornes de la raison, Pascal les a rencontrées tout de suite ; et, en effet, tant de progrès accomplis n'ont pas avancé d'un pas la solution des questions capitales ! L'avanceront-ils quelque jour ? C'est ce que certains savants semblent croire, qui, comme Descartes, ne voient pas de limites au pouvoir de la raison. J'ai plusieurs fois essayé de dire les motifs que j'avais de ne pas penser comme eux, et je n'y veux point ici revenir. Le principal en est seulement que, si la méthode scientifique a été la grande ouvrière du progrès de la raison, le problème de notre destinée échappe aux prises de la méthode scientifique. Mais de dire qu'on demandera donc la solution du problème à une autre méthode ou à une autre autorité, sera-ce fonder la foi « sur l'impuissance de la raison » ? En aucune manière, à ce qu'il me semble. Est-ce que nous n'avons pas connu le temps où la raison, la raison raisonnante, celle des logiciens et celle des philosophes, se révoltait contre les résultats de l'expérience ? Le progrès de la science en a même été longtemps retardé. Il y a semblablement une « expérience morale » dont les résultats refusent de se soumettre aux injonctions de la raison ; et si c'est ce que voulait dire Pascal quand il disait que « le cœur a ses raisons que la raison ne connaît pas », on peut le redire après lui.

aussi, sur toutes les questions, et même sur celles qui nous intéressent, de nous fournir deux ou trois réponses, la philosophie toute seule ne l'est ni de déterminer notre choix entre ces réponses, ni surtout de nous démontrer qu'il y en ait une de préférable aux autres. Cela la passe et la dépasse ! Elle a besoin ici d'un secours étranger. Il nous faut faire intervenir des considérations d'un autre ordre. Nous avons besoin d'une « autorité qui décide ». Le temps nous presse, la nécessité d'agir, la perplexité de savoir comment nous agirons. Je me décide pour celle des trois hypothèses qui me paraît, non la plus rationnelle ou la plus vraisemblable, — nous ne sommes plus à l'école ni dans le cabinet ! — mais pour celle qui répond le mieux au vœu de la nature humaine, aux exigences de l'action sociale, et qui se réclame en outre ou qui s'appuie de l'autorité de la révélation.

Ces raisons vous paraîtront-elles, peut-être, entachées ou suspectes au moins de *fidéisme ?* et craindrez-vous peut-être qu'en dernière analyse, elles n'aboutissent qu'à fonder la foi sur l'impuissance de la raison? Je ne le pense pas. Ce que l'on pourrait plutôt dire, c'est qu'elles ne sont pas encore assez déterminantes. Il semble qu'elles aient aussi quelque chose de trop « utilitaire » ; et surtout qu'elles ne nous mènent pas au delà d'un vague déisme. Ce sont des raisons de croire à l'utilité d'une religion donnée ; ce ne sont pas encore des raisons de croire à sa vérité. Cherchons donc plus avant, Messieurs ; plaçons-nous, pour ainsi dire, au centre des préoccupations de l'heure présente ; ouvrons les yeux et regardons autour de nous.

III

S'il y a sans doute entre tous un phénomène caractéristique du siècle qui vient de finir, ou plutôt des temps modernes, c'est, en deux mots, le progrès de la démocratie. « La démocratie coule à pleins bords », disait Royer-Collard, il y a déjà plus de soixante-quinze ans ; et, aux yeux de ce profond observateur qui fut Alexis de Tocqueville, le progrès de la démocratie « était le fait le plus continu, le plus permanent et le plus ancien que l'on connaisse dans l'histoire ». Chateaubriand aussi, dans la conclusion politique de ses *Mémoires d'outre-tombe,* a dit quelque chose d'analogue. Et les uns et les autres, ce qu'ils entendaient par démocratie, conformément à l'esprit de la Révolution, c'était, vous le savez, ce qu'exprime et résume la devise fatidique : *Liberté, Egalité, Fraternité.* Ces trois mots, je le sais bien, ne sont plus à la mode, même dans le monde officiel ; et je me rappelle, à cet égard, le langage encore tout récent d'un haut magistrat de la Cour de cassation. « Notre organisation sociale, disait-il avec son autorité d'avocat général, a été placée par la Révolution française sous une triple égide que résume la belle devise républicaine : *Liberté, Egalité, Fraternité ;* mais, — écoutez ceci, Messieurs, — mais les trois ordres d'idées qu'elle évoque semblent en contradiction manifeste avec les lois naturelles qui régissent l'évolution de l'homme et des sociétés. Comment concilier la liberté avec le déterminisme ? l'égalité avec la sélection qui a sa base dans les inégalités naturelles ou acquises ? la fraternité avec la lutte pour la vie ? »

J'admire, Messieurs, cette assurance avec laquelle nous parlons aujourd'hui « des lois naturelles qui régissent l'évolution de l'homme et des sociétés » ; je l'envie même à ceux qui la possèdent ; et je les en félicite. Je ne leur demande pas, d'ailleurs, pour aujourd'hui, ce que c'est que cette *Solidarité*, dont je vois qu'ils préfèrent le nom à ceux de *Liberté*, d'*Égalité* et de *Fraternité*. Mais je suis bien aise, après cela, de les entendre dire qu'ils ne savent comment concilier leur science avec la « belle devise républicaine » à la vertu de laquelle, pour ma part, je continue de croire ; et, en effet, ils ont raison au moins sur un point, qui est que ni la science, ni même la philosophie ne sauraient suffire à fonder la liberté, l'égalité et la fraternité. Avaient-ils besoin, pour s'en douter, que Darwin eût paru ? N'auraient-ils pu s'apercevoir sans lui, sans sa « concurrence vitale », et sans sa « sélection naturelle », que ni la fraternité, ni l'égalité, ni la liberté n'existent dans la nature ? Mais je suis heureux qu'ils commencent enfin de s'en apercevoir ! Liberté, égalité, fraternité : c'est la devise républicaine. Nous avons tous intérêt à ce qu'elle continue de l'être. Mais le sens de ces mots ne se précise, le contenu ne s'en éclaire, la définition ne s'en dégage qu'à la lumière de l'idée chrétienne. Otez l'idée chrétienne, dont ils ne sont en fait qu'une imitation, ou, si vous le voulez, une « laïcisation », la signification s'en abolit ; ils n'expriment, ils ne représentent plus rien que d'inconsistant et de vague ; vous venez même de voir que le bruit qu'on en fait ne laisse pas d'inquiéter sous son hermine un magistrat de la Cour de cassation. Mais, posez l'idée chrétienne ! Le magistrat, aussitôt, se rassure ; ce qui était inconsistant se concrète ; et la signification s'en retrouve conforme aux aspirations les plus universelles de l'humanité.

La *Liberté* d'abord ; — si la liberté n'est

entrée dans le monde qu'avec le christianisme ; si vous ne la rencontrez nulle part
que dans le christianisme ; et si la justification
ne s'en trouve que dans le christianisme.
Les Grecs et les Romains se sont comme
enivrés du mot : ils n'ont ni connu, ni conçu
la chose. Les hommes de la Révolution française, nourris de Plutarque et de Tacite, ont
pu s'y tromper autrefois ; nous ne pouvons
plus, aujourd'hui, partager leur erreur.
Chez les Grecs et chez les Romains, — pour
ne rien dire, si vous le voulez bien, des
Assyriens ou des Mèdes, — ni la femme, ni
le fils dans la famille n'étaient libres comme
nous l'entendons, ni le citoyen dans la cité,
ni l'esclave dans la société générale des
hommes de ce temps. N'est-ce pas ici,
Messieurs, ce qu'oublient trop aisément de
nos jours les dilettantes qui se font un jeu
aristocratique et dangereux d'opposer à la
simplicité de la morale chrétienne les beautés
paradoxales du stoïcisme ou de l'épicu-
risme ? La morale, ou plutôt les morales
de l'antiquité supposaient toutes ou, comme

on dit aujourd'hui, *postulaient* toutes l'esclavage. La liberté ne s'y définissait que dans son rapport et par son opposition à l'esclavage. Être libre, c'était, à Rome, n'être pas esclave, et, à Lacédémone, je ne sais trop ce que ce pouvait être. L'organisation tout entière de la société, civile, politique, économique, religieuse, ne s'entretenait, ne durait, ne prospérait que par l'esclavage. Et, de même, enfin, que nous périrons sans doute, nous autres modernes, si nous devons périr, de l'exagération ou de l'excès d'une liberté mal entendue ; les sociétés antiques, elles, ont commencé d'être ébranlées jusque dans leurs fondements, du jour qu'un doute a commencé de s'élever sur la légitimité de l'esclavage (1).

(1) Il me semble que Renan, dans son *Marc-Aurèle,* a très bien exprimé le rôle du christianisme dans cette question de l'esclavage.

« Le rôle du christianisme, dans la question de l'esclavage, a été celui d'un conservateur éclairé, qui sert le radicalisme par ses principes, tout en tenant un langage très réactionnaire », et la comparaison est d'ailleurs plus ingénieuse que vraie, mais ce qui suit est la vérité même : « En montrant l'esclave capable de vertu, héroïque dans le martyre, égal de son maître et peut-être son supérieur au point de vue du royaume

L'honneur n'en revient pas, dit-on, au christianisme ; et on apporte là-dessus des « textes » et des « faits ». On essaye de résoudre une question sociale par les moyens intellectuels de l'érudition ou de la philologie. Faisons donc la contre-épreuve ! Interrogeons la géographie, après avoir interrogé l'histoire ; et voyons où, dans quel pays nous rencontrerons quelque ombre de la liberté ? Est-ce en Chine, Messieurs, ou en Turquie ? sous la loi du mahométisme ? ou sous celle du bouddhisme ? et si quelqu'un me dit que le Turc ou le Chinois sont des Mongols, des hommes jaunes, d'un autre sang, d'une autre race, je lui demanderai donc : « Est-ce dans l'Inde, chez les

de Dieu, la foi nouvelle rendait l'esclavage impossible. *Donner une valeur morale à l'esclave, c'est supprimer l'esclavage* » ; et plus loin. « L'antiquité n'avait conservé l'esclavage qu'en excluant les esclaves des cultes patriotiques. *S'ils avaient sacrifié avec leurs maîtres, ils se seraient relevés moralement.* »
On voit bien dans ce cas ce que l'on veut dire quand on dit que les « Questions sociales » sont avant tout des « Questions morales ». Les réformes fécondes se font dans les esprits, avant de se traduire dans les faits, et, pour être durables, c'est dans les cœurs qu'il faut que les changements commencent par s'opérer.

Aryas, et sous la loi de ce qui survit encore du brahmanisme ? » Non seulement l'idée de liberté n'est entrée dans le monde qu'avec le christianisme, mais la notion ne s'en est réalisée que dans les sociétés chrétiennes ; et qu'y a-t-il, en vérité, de plus naturel, si le mot même de liberté n'a de sens que dans et par l'idée chrétienne ?

Qu'est-ce, en effet, que la liberté ? C'est le droit que nous avons de n'être empêchés dans aucun des actes extérieurs qui nous sont commandés par la loi du devoir ? Mais, qu'est-ce que le devoir, si nous ne le devons à personne ? Et quelle dette pouvons-nous avoir envers nos semblables ou nos égaux qui ne soit réciproque de leur dette envers nous ? Voilà, Messieurs, le fondement de la liberté : Kant, lui-même, n'en a pas trouvé d'autre. Et je suis seulement étonné qu'en posant comme fondement du devoir l'obligation de la loi morale, et comme fondement de la liberté le droit que nous avons de travailler à l'accomplissement du devoir, il n'ait pas vu qu'il ne faisait que *laïciser* l'Évangile. Nous, cependant, de nos jours, avec nos lois sociales, avec nos lois ouvrières, nous ne faisons pas autre chose. Est-ce la liberté d'aller boire, ou celle de danser, ou celle de faire l'école buissonnière que nous voulons assurer à l'homme, à la femme, à l'enfant, quand nous nous efforçons de protéger leurs loisirs contre les exigences de l'industrialisme ? Non ! mais c'est la liberté de travailler à leur perfectionnement moral ; c'est le temps d'acquérir le sentiment de leur dignité ; c'est le droit de ne pas succomber sous le fardeau d'une charge inégale aux forces de la nature humaine ; c'est le sentiment de la solidarité qui nous lie ; — et c'est, par conséquent, le sentiment de notre commune égalité.

Car, vous l'entendez bien, il en est de l'*Egalité* comme de la *Liberté*. Nous ne pouvons, elle aussi, la revendiquer qu'au nom de l'idée chrétienne ; et, pas plus qu'il ne connaissait la liberté, le monde, avant le christianisme, n'a conçu, ni, en dehors du christianisme, ne saurait aujourd'hui concevoir l'idée d'égalité. C'est ici que la science, puisqu'on l'invoque, et l'histoire, ont beau jeu. *Humanum paucis vivit genus :* le poète l'a bien dit ! L'humanité n'est que l'infatigable ouvrière du bonheur de quelques-uns, voilà ce que nous enseigne l'histoire ! Et, historiquement, Messieurs, ceux qui raisonnent bien, ceux qui ont raison, — avec leur odieuse théorie de l'homme fort et du *surhomme*, — ce sont les Nietzsche et les Renan ! Scientifiquement, il semble que ce soient les Darwin et les Hæckel (1). Ou plutôt, Messieurs, et pour ne pas invoquer inutilement la science, pour ne pas lui demander ce que l'observation suffit, hélas ! à nous apprendre, l'égalité, vous le savez, n'est nulle part dans

(1) Nous distinguons ici l'enseignement de Renan d'avec celui de Darwin, parce qu'il faut bien faire attention que dans la doctrine rigoureuse de la « Sélection naturelle », ce n'est pas du tout le meilleur ou le plus fort, ni le mieux doué, qui l'emporte, mais « le plus apte » ou le mieux adapté aux circonstances dans lesquelles s'exerce la lutte. Ce peut donc être, en de certains cas, « le moins fort » et « le moins bon » ; et ce pourrait être moralement « le pire ». Ou en d'autres termes encore, le *surhomme* de Nietzsche et de Renan est supérieur au moins par quelque endroit, mais *le plus apte* de Darwin et d'Hæckel pourrait, lui, n'emporter sa victoire qu'en raison de son infériorité.

la nature, ni dans la société. Je rougirais d'insister, et d'essayer d'établir dogmatiquement que nous ne sommes égaux ni en force, ni en intelligence, ni en qualités, ni en vertus, ni même peut-être en besoins ! Qui pourrait soutenir et qui a jamais soutenu le contraire ? Ce que l'on démontre, ce qu'il est même facile de démontrer, c'est la raison d'être, c'est la fonction sociale de l'inégalité. Mais l'égalité ! Non, ce n'est point en fait qu'on la fonde, ni en histoire, ni en nature, ni en raison, ni de quelque autre manière humaine que ce soit. Elle est d'un autre ordre ! Elle vient d'ailleurs. Et, inégaux en tout, nous le serions absolument, l'égalité ne serait qu'une chimère, et une dangereuse chimère, si nous n'étions heureusement égaux dans la souffrance et devant la mort.

Ah ! la mort !

Je te salue, ô Mort, libérateur céleste,
Tu ne m'apparais pas sous un aspect funeste...
Tu n'anéantis pas, tu délivres......

Oui, tu délivres ! Mais de plus, et tandis que nous vivons, c'est toi qui fondes notre

égalité. Parce que nous sommes égaux devant
toi, nous ne comprenons pas seulement la
vanité des distinctions dont nous nous flat-
tons, mais tu nous confères le droit de travailler à les abolir ! Égaux devant la mort,
nous le sommes, nous devons l'être, quant
aux moyens de nous y préparer ! Mais, vous
le voyez bien, Messieurs, c'est à la condition
qu'il s'agisse de la mort chrétienne ; je veux
dire : c'est à la condition que la mort ne
termine pas tout, qu'elle ne soit pas une fin,
mais un commencement ou un passage ! Si
la mort terminait tout, je ne vois, en vérité,
Messieurs, ni quel fondement nous pourrions
donner à l'égalité, ni de quel droit nous
empêcherions le *surhomme* d'user et d'abu-
ser de sa supériorité, ni comment et pourquoi notre place « au banquet de la vie » ne
serait pas à proportion de l'étendue de nos
besoins, de l'ardeur de nos désirs, et de la
capacité de nos appétits !

Mais, précisément, quand la religion du
Christ ne serait pas d'ailleurs tout ce qu'elle
est, ce serait encore sa grandeur que d'avoir

mis l'objet de la vie hors de la vie, au delà de la vie, dans une autre vie ; et cette raison toute seule me suffirait pour y croire ! « Que risquez-vous de croire cela ? disait Pascal. Une éternité de bonheur contre un moment de contrainte ! Mais, de plus, ajoutait-il, de pratiquer, en attendant la mort et pour vous y préparer, toutes les vertus qui font le prix de la société des hommes ! » Nous ajoutons à notre tour : Et vous n'y risquez que d'acquérir enfin le sentiment de cette égalité que ni le raisonnement, ni l'observation, ni l'histoire, nous l'avons dit, ne sauraient établir. L'être moral et religieux, l'être qui doit se survivre à lui-même, l'être capable de mériter et de démériter, voilà ce qu'il y a d'identique à soi-même, si je l'ose ainsi dire, et d'égal dans tous les hommes. Mais c'est pourquoi, Messieurs, il n'y a jamais eu d'égalité que dans le christianisme ! Est-ce qu'il y en a même dans le bouddhisme ? Est-ce qu'il y en avait dans ces religions païennes où la participation des mystères était le privilège d'une aristocratie politique ? Est-ce qu'il peut y en avoir dans une doctrine qui considérerait la « lutte pour la vie » comme une loi naturelle de l'évolution des sociétés humaines ? La proposition seule n'en est-elle pas contradictoire (1) ? Et qu'en résulte-t-il, Messieurs, sinon que la démocratie, qui trouve son frein contre elle-même dans cette subordination des biens de la vie présente à la considération de la vie future, y trouve du même coup son fondement, sa justification, et le principe ou le ressort même de son progrès ?

Que vous dirai-je maintenant de la *Fraternité ?* Qu'avant le christianisme, il est absolument vrai de dire, — sans métaphore, — que l'homme était un loup pour l'homme ? Voyez seulement autour de vous ce que sont les haines de races, et dites-moi ce qu'il faut penser de la fausse science qui les a déchaî-

(1) Il est clair qu'en toute occasion « la lutte pour la vie » constitue l'individu en état de « légitime défense », puisqu'elle suppose qu'il y a moins de biens à conquérir que de « lutteurs » qui en sont avides ; et, en effet, s'il n'en était pas ainsi, c'est-à-dire s'il y avait moins de prétentions que de biens, il n'y aurait plus de « lutte » ; et, avec la métaphore, il faudrait changer toute la doctrine.

nées dans notre monde moderne? Pour moi, Messieurs, qu'un catholique, — à qui nous devons d'ailleurs tant de services, — qu'un Joseph de Maistre ait pu laisser échapper cette parole, tant exploitée depuis lui, qu'il savait à la vérité ce que c'est qu'un Turc ou un Persan, un Allemand ou un Italien, mais qu'il ne savait pas ce que c'est que l'homme, c'est ce que je ne comprendrai jamais! Et qu'eût-il donc répondu si quelqu'un fût venu lui dire : « Et nous, nous savons ce que c'est qu'un Gallican, ou un Anglican, nous savons ce que c'est qu'une Église grecque ou une Église russe, *cujus regio, ejus religio*, mais nous ne savons pas ce que c'est qu'un catholique? » Mais une haine aveugle de la Révolution française l'a sans doute emporté ce jour-là plus loin, beaucoup plus loin qu'il ne voulait aller ; et il a oublié que, comme l'égalité chrétienne avait seule effacé les distinctions de classes et de castes, ainsi, ce que la fraternité chrétienne avait aboli pour jamais, c'est le paradoxe inhumain de l'inégalité des races humaines (1).

Ici encore, Messieurs, nous voyons l'étroite liaison, l'indivisible union du christianisme et de l'idée de fraternité. De certains savants nous ont enseigné qu'il y avait des « races supérieures » et des « races inférieures ».

(1) Il ne faut pas se lasser de dénoncer et d'attaquer la « théorie des races », ni de montrer qu'elle n'a pas de plus redoutable adversaire que le catholicisme. *Ite, et euntes docete omnes gentes !* Mais si je cite ici Joseph de Maistre, il ne faut pas non plus se lasser de dire que ce qui n'est dans ses *Considérations* qu'une sorte de boutade, s'est transformé sous l'effort de la « science » contemporaine en un système entier. Les Israélites se doutent-ils que personne n'a fait plus que Renan, au nom de ce qu'il appelait « la science des produits humains », pour forger la doctrine de l'antisémitisme ? et qu'à son insu peut-être, ou du moins contre son gré, le résultat de son œuvre a été de semer la défiance et la haine du Juif ? D'autres n'y ont pas médiocrement contribué, je le sais ! Mais quand on ne veut voir, comme eux, dans le Juif que « le manieur d'argent » ce n'est qu'un paradoxe auquel il suffit d'opposer : 1° que tous les banquiers ne sont pas d'Israël, ni tous les coulissiers, et 2° que nous ne pouvons aussi bien nous en prendre qu'à nous de les avoir depuis tant d'années réduits au commerce de l'argent. Mais ce qui est grave, c'est d'attribuer leurs défauts, ou leurs vices, quels qu'ils soient, à leur sang ; c'est d'essayer de nous montrer en eux des étrangers physiologiquement irréductibles à nos habitudes d'esprit ; c'est de prétendre appuyer ces conclusions sur la « science » ; — et c'est ce que Renan, depuis son *Histoire comparée des langues sémitiques* jusqu'à son *Histoire d'Israël*, n'a pas cessé de faire.

Des religions se sont fondées tout entières sur cette fausse croyance. Il s'en est même vues que tout un peuple regardait comme le privilège ou le monopole de sa race. Le christianisme seul s'est adressé d'abord à tous les hommes ; il a seul enseigné que, si tous les hommes sont frères, c'est qu'ils ont tous la même origine, ou, pour parler plus littéralement, c'est qu'ils sont tous les fils du même père. Haines de sang, répugnances de races, tout ce que d'autres religions entretenaient d'animal parmi les hommes, lui seul est venu déclarer qu'on y renoncerait, qu'il y faudrait renoncer, si l'on voulait être chrétien. Car, faites-y bien attention, Messieurs, et gardons-nous de confondre ici *Fraternité* avec *Charité*, ou avec *Pitie*, ni surtout avec cette chose équivoque, sur laquelle je m'expliquerai quelque jour, et qu'on appelle du nom de *Solidarité*. La fraternité, c'est-à-dire l'unité de l'espèce humaine, c'est-à-dire notre communauté d'origine à tous, c'est-à-dire l'obligation de rendre un peu plus à chacun que nous ne réclamons pour nous-mêmes, la fra-

ternité est une vérité essentielle du christianisme. Elle en devient un dogme quand on
la considère dans le mystère de la Rédemption. C'est en Dieu que nous sommes frères ;
et si nous ne l'étions pas auparavant, la
Rédemption, miracle elle-même, est venue
opérer ce miracle.

Mais c'est aussi ce que ne voyait pas un de
nos adversaires, le plus patenté de nos édu-
cateurs, quand, à l'occasion du Congrès catholique de Bourges, il écrivait tout dernière-
ment : «Pourquoi n'arriverait-il pas à quelques
catholiques de s'apercevoir que la Déclaration
des Droits de l'homme est une transposition
de l'Évangile en langue politique moderne ?
et que la Constitution républicaine applique
à ce monde et aux choses de ce monde les
principes les plus hauts de la morale chrétienne ?» (1) Il dit, vous l'entendez, une «*transposition* », et nous disons, nous, une « *laïcisation* » ; et toute la différence est là. Oui, la

____

(1) Quelqu'un a feint de croire que ces paroles
étaient d'Auguste Comte : je dois donc dire qu'elles
sont de M. Ferdinand Buisson.

Déclaration des Droits de l'homme est une « laïcisation » de l'idée chrétienne, et moi-même, je fais plus que d'y consentir ou de l'avouer, puisqu'enfin c'est le fond de tout ce discours. Mais en la « laïcisant », c'est-à-dire en la séparant de son support ou de son fondement mystique et dogmatique, j'ajoute que l'on suspend en l'air, ou dans le vide, pour ainsi parler, les droits de l'homme ; on les dénature ou on les mutile, on les met dans l'impossibilité de se prouver eux-mêmes ; on les livre aux contradictions de la sophistique et, — puisqu'il y en a, vous l'avez vu, de ces contradictions, jusque dans le monde officiel, — on expose les droits de l'homme à être niés au « nom de la science contemporaine », dans la séance solennelle de rentrée de la première Cour de justice de la République française.

« Liberté, Égalité, Fraternité, dit l'un, il semble que la belle devise républicaine soit en contradiction manifeste avec les lois naturelles qui régissent l'évolution de l'homme et des sociétés » ; et l'autre, sans autrement s'embarrasser des « lois naturelles », admire l'application de la belle devise au « monde et aux choses de ce monde ». Mais je les défie l'un et l'autre, le premier de prouver qu'il y ait « contradiction » entre les « lois naturelles » et l'universelle aspiration des hommes vers la liberté, l'égalité, la fraternité ; et le second, d'établir cette fraternité, cette égalité, cette liberté par le moyen de la raison, de la nature ou de l'histoire. Je le défie de m'en préciser le sens, en dehors de l'idée chrétienne. Car, on ne transpose pas l'Évangile en « langue politique moderne » ! On peut seulement essayer d'accorder « la politique moderne » avec l'Évangile, ce qui est justement le contraire, quoique cela pût sembler d'abord la même opération. Et puis, et surtout, Messieurs, quand on ne trouve rien de mieux, dans la « Constitution républicaine », que « l'application qu'elle est des plus hauts principes de la morale chrétienne », on n'essaye pas de séparer cette morale de la philosophie, du dogme et du fait historique qui la fondent.

IV

J'ai dit du fait historique : et, en effet, Messieurs, il nous faut faire un dernier **pas**, et à toutes ces raisons de croire, tirées, vous le voyez, de ce qu'il y a de providentiel, de ce qu'il ne peut pas ne pas y avoir de providentiel dans l'évolution continue de la démocratie, c'est le moment d'en joindre une dernière, tirée de la nature même du plus grand effort que l'on ait tenté pour nous dissuader de croire : c'est, comme vous le savez, l'effort de l'exégèse. L'exégèse, les conquêtes de l'exégèse, les horizons lointains, profonds et attirants que nous ouvre l'exégèse, tout cela, Messieurs, a fait jadis la joie et le tourment de ma jeunesse. J'ai cru, — vous vous rappelez peut-être que c'est l'expression de Renan, — « à la science des produits de l'esprit humain ». J'ai lu et relu passionnément la *Vie de Jésus* du docteur Strauss ; et j'ai cru retrouver l'Évangile dans le *Lotus de la bonne loi*. Sur la parole de ceux qui ne savaient pas l'hébreu, j'ai failli croire à « la modernité des prophètes » ; et, sur le témoignage de ceux qui ne savaient pas le grec, j'ai admis que la vérité des mystères dépendît d'une interpolation dans un verset de saint Jean. Mais j'ai réfléchi depuis lors, — car à quoi s'emploierait l'existence d'un homme qui ne s'est intéressé qu'aux idées ? — et j'ai vu que l'exégèse, passant à côté de la vraie question, n'en demeurait pas moins tout ce qu'elle est, mais ne touchait pas le fond des choses, ni même ne pouvait l'atteindre.

Elle demeure tout ce qu'elle est; et, pas plus qu'on ne saurait nous raconter aujourd'hui l'histoire de la Grèce ou de Rome sans y faire contribuer de toutes leurs ressources l'érudition et la philologie, pas plus on ne saurait, sans le secours de l'exégèse, reconstituer l'histoire du peuple d'Israël, ou les origines et le développement historiques du christianisme. Comme un autre, autant qu'un autre, plus que beaucoup d'autres, je suis donc prêt à faire l'éloge de l'exégèse. Elle demeure tout ce qu'elle est, et sa tâche est encore considérable. Elle se dévorera sans doute un jour elle-même, et on la verra s'anéantir dans son triomphe (1). Quand il n'y aura plus d'obscurité ni d'incertitude sur aucun mot des textes qu'elle commente, ni sur aucun fait de ce passé lointain qu'elle s'efforce à ressusciter, nous n'aurons plus besoin d'elle ; et ce n'est pas seulement son repos, mais sa gloire, qu'elle fera de sa stérilité. Quand les hiéroglyphes et les cunéiformes auront livré tous leurs secrets, le monde alors sera tout plein d'orientalistes sans emploi. Mais ce jour n'est pas près de

(1) « Se dévorer elles-mêmes », et « faire leur triomphe de leur anéantissement » tel est, en effet, l'idéal de toutes les connaissances qui relèvent de l'érudition plutôt que de la « science » ; — et c'est pourquoi les « sciences historiques » ne sont pas des « sciences ». Les faits dont elles connaissent ne se sont produits qu'une fois, une seule fois : il n'y a eu qu'un César et il n'y a eu qu'un Alexandre ; les phénomènes qui ont dégagé du latin le français et l'italien ne sont sans doute pas les mêmes, puisque l'italien n'est pas le français ; et la méthode est analogue, si l'on veut, mais pourtant différente, selon qu'il s'agit d'établir le texte des *Pensées* de Pascal ou celui des *Sermons* de Bossuet.

Ajoutons maintenant que toutes ces questions ont un terme, et que, de leur solution, il ne s'engendre pas comme dans les sciences, de nouvelles questions. Si le texte des *Sermons* de Bossuet ou celui des *Pensées*

luire, et nous continuerons donc, en l'attendant, d'admirer leur érudition. Nous continuerons de nous intéresser à « la science des produits de l'esprit humain ». Mais nous nous rendrons compte aussi, et nous le pouvons dès à présent, qu'en tant que l'exégèse et la critique ont eu pour objet, et elles l'ont eu, de jeter du doute sur les vérités de la religion, elles y ont décidément et finalement échoué.

Car ont-elles prouvé que la diffusion du christianisme ne fût pas un fait sans analogue dans l'histoire du monde ? Non ! et même

de Pascal est un jour fixé, il le sera, et la philologie n'aura plus à s'en occuper. Pareillement nous connaîtrons un jour, dans le détail, et avec la dernière exactitude, l'histoire de la formation du français ou de l'italien, et l'histoire des langues romanes sera faite. Et si nous arrivons enfin à savoir l'exacte vérité sur Alexandre et sur César, il ne nous restera plus qu'à nous disputer entre nous sur l'importance des victoires d'Arbelles et de Pharsale dans l'histoire générale de l'humanité. C'est ce que l'on veut dire quand on dit que l'érudition et l'exégèse,— au rebours de la science dont elles usurpent indûment le nom, et dont il n'est seulement pas vrai qu'elles pratiquent les méthodes, — sont condamnées en naissant à périr de leur triomphe, et ne sauraient avoir de plus haute ambition que de se rendre un jour superflues.

elles ont dû formellement reconnaître qu'il y avait en lui, je veux dire dans le fait seul de cette diffusion, quelque chose d'inexplicable. Ont-elles prouvé que la propagation du christianisme ne fût pas l'œuvre des Apôtres ? Non ! et, s'il y a sans doute un texte authentique en histoire, ce sont les *Actes*. Ont-elles prouvé que, même en admettant les discordances qu'elles ont cru reconnaître dans les quatre Évangiles, ils ne fussent pas tous les quatre, en substance, la biographie mortelle, et l'enseignement du même Jésus ? Non ! et le jour qu'elles le prouveraient, ce serait, avec l'histoire évangélique, toute espèce d'histoire qui s'écroulerait, et même toute certitude historique. Ont-elles prouvé que ce même Jésus ne se soit pas donné aux hommes pour le Messie des prophètes, pour le Fils de son Père, et pour le Rédempteur de l'humanité ? Non encore, elles ne l'ont pas prouvé ! Mais, si elles ne l'ont pas prouvé, qu'avons-nous besoin d'autre chose ? Que nous importent les subtilités de l'exégèse, et, si j'ose le dire, les curiosités même de la théologie ? Nous n'avons plus ici qu'une question à résoudre ; et si d'ailleurs elle est sans doute la plus grande, la plus troublante qui se soit jamais élevée parmi les hommes, il n'y en a pas du moins de plus simple à poser. Croyons-nous ou ne croyons-nous pas que Dieu se soit incarné dans la personne de Celui qui s'est dit le Fils de Dieu ? Voilà tout le problème ! Il n'y en a pas d'autre ! C'est ici qu'une fois au moins dans notre vie, tous tant que nous sommes, il nous faut répondre. Le reste suit de soi ! Et, en vérité, Messieurs, comment ne serions-nous pas reconnaissants à la critique et à l'exégèse de nous avoir permis de poser la question en ces termes ? Les raisons de croire ! mais ce sont elles qui les ont pour ainsi dire dégagées de la confusion dont elles s'enveloppaient. *Unum est necessarium !* Nous n'avons à nous prononcer que sur un seul point, et si je n'en dis pas davantage aujourd'hui, Messieurs, vous en entendez bien le motif, c'est qu'ici se termine le domaine de l'apologétique, et commence l'opération individuelle et mystérieuse de la foi.

V

Vous cependant qui parlez ainsi, — me demandera-t-on peut-être, et on me l'a souvent demandé, — que croyez-vous ? Ce que je crois, Messieurs, il me semble que je viens de vous le dire ! Mais à ceux qui voudraient quelque chose, non pas, je pense, de plus net, mais de plus explicite, je répondrai très simplement : « Ce que *je crois,* — et j'appuie énergiquement sur ce mot, — ce que *je crois,* non ce que *je suppose* ou ce que *j'imagine,* et non ce que *je sais* ou ce que *je comprends,* mais ce que *je crois* .. allez le demander à Rome ! » En matière de dogme et de morale, je ne suis tenu que de prouver l'autorité de l'Église. La révélation n'a pas eu pour objet de mettre l'intelligence humaine en possession de l'*Inconnaissable,* et, s'il n'y avait pas de mystère dans la religion, je n'aurais pas besoin de croire : je saurais ! Évitons ici, Messieurs, l'une des pires confusions qu'ait inventées la moderne critique. L'objet de la croyance et celui de la connaissance font deux : *je ne crois pas* que deux et deux font quatre, ni que le semblable engendre le semblable, ni que César ait vaincu Pompée dans la journée de Pharsale, *je le sais !* Si je savais de la même manière, avec **la** même évidence, si j'entendais avec la même clarté le mystère de l'Incarnation ou l'opération de la Grâce, ce ne seraient plus des mystères, et la croyance, étant adéquate à la connaissance, ne serait plus la croyance ni **la** foi : *Fides est argumentum rerum non apparentium.* Et ce n'est pas à dire pour cela qu'elle s'oppose à la raison ! Non, elle ne s'y oppose point ; elle nous introduit seulement dans une région plus qu'humaine, où la raison, étant tout humaine, n'a point d'accès ; elle nous donne des lumières qui ne sont point de la raison ; elle complète la raison, elle la continue, elle l'achève, et si je l'ose dire, elle la couronne (1).

(1) Il ne m'appartient pas de définir ici *l'acte de foi ;* et aussi ne le tenterai-je point. Je ne l'ai point tenté dans les lignes qui suivent. Ce que je veux seulement faire dans cette note, c'est de préciser en quel sens et pourquoi, — le « contenu » de la foi, ne contredisant pas assurément la raison, mais la débordant, pour

Tout ce que je puis donc faire, Messieurs, devant le mystère, c'est d'abord de m'incliner, et c'est ce que je fais ; mais ce que je puis faire ensuite, aussi, et ce que je viens d'essayer de faire dans ce discours, c'est de dire et de déduire, c'est d'expliquer les raisons que j'ai de m'incliner. J'en ai d'autres, j'en ai de plus intimes et de plus personnelles ! Il y a bien des chemins qui mènent à la croyance, et j'en ai exploré, j'en ai parcouru, j'en ai suivi plus d'un : je me suis aussi quelquefois fourvoyé. Mais, parmi

ainsi dire, de toutes parts, — la définition de ce « contenu » ne saurait appartenir qu'à l'autorité chargée d'en garder le dépôt. Si le mystère pouvait être supposé quelque jour intelligible à la raison, il ne serait évidemment plus le « mystère », et, dans l'économie de la religion, la « foi » ne serait plus une vertu. Quelle vertu y a-t-il à croire que deux et deux font quatre ? A un moment donné de son évolution, qui est celui où j'arrive au terme de ce discours, c'est-à-dire quand la raison, ayant jugé, par les moyens qui sont les siens, de la valeur des « raisons de croire », nous a convaincus qu'il faut croire, l'acte de foi se résout donc en un acte de confiance et d'humilité. C'est pourquoi la distinction entre le « croire » et le « savoir » me paraît capitale ; et qui ne voit combien d'irritantes ou inutiles discussions ne proviennent que de ce qu'on ne la fait pas ? Sans doute il n'est pas question de croire *parce que* nous ne comprenons pas ! La raison de la croyance est ailleurs ! Mais nous ne pouvons

toutes ces raisons de croire, en choisissant les plus « actuelles », il m'a semblé répondre à l'objet de cette réunion. J'ajoute seulement — puisqu'enfin, Messieurs, chacun de nous, quand il parle de ses «raisons de croire», s'il ne fait pas une confession, livre pourtant à ceux qui l'écoutent le récit d'une expérience personnelle, —j'ajoute seulement que, de ces raisons, il me semble, quand je m'interroge, que les morales ou plutôt les sociales ont été les plus décisives. Je me rappelle avoir lu, dans la *Vie du Père Hecker*, qu'après

« croire » que ce que nous ne comprenons pas. « L'incompréhensibilité de nos mystères, a dit quelque part Malebranche, est une preuve démonstrative de leur vérité. » C'est beaucoup dire, et je craindrais qu'on ne vît dans cette formule, un peu hardie, la traduction de ce *Credo quia absurdum* qui lui-même n'est sans doute qu'une altération légendaire du mot de Tertullien : « *Credibile quia ineptum.* » Mais en tout cas l'incompréhensibilité des mystères ne prouve rien contre eux, si ce n'est qu'ils sont des mystères, et on le savait ! Ils ne seraient pas mystères, s'ils n'étaient pas incompréhensibles, et n'y ayant d'ailleurs pas de religion sans mystères, la seule question que nous ayons à décider, c'est de savoir si nous avons de solides raisons, si nous en avons de logiques, de morales, d'historiques, de « scientifiques » même de croire à la réalité de ces mystères,—que nous ne comprenons pas.

avoir traversé plus d'une secte, — ou, comme ils disent là-bas, plus d'une *dénomination* protestante, — l'un des plus puissants motifs, l'un des motifs déterminants de sa conversion définitive au catholicisme, fut la satisfaction et le frein, le frein et la satisfaction, que le catholicisme lui semblait seul capable de donner à ses instincts populaires et démocratiques. Il avait commencé, vous vous le rappelez peut-être, Messieurs, par être ouvrier boulanger. Ce dur apprentissage de la vie m'a été épargné ! Mais, comme lui, je n'ai trouvé que dans le catholicisme le frein et la satisfaction des mêmes instincts ou du même idéal (1).

> Ayant la nuque dure aux saluts inutiles,
> Et me dérangeant peu pour des rois inconnus,

je n'ai trouvé que là la justification de la devise à laquelle je continue de croire, et dont j'ai tâché de vous montrer, Messieurs,

---

(1) Cf. *La vie du Père Hecker.*

On pourrait résumer d'une manière plus saisissante encore — ce qui ne serait d'ailleurs paradoxal qu'en apparence — l'histoire de la conversion du P. Hecker, en disant qu'il se fit « catholique » pour pouvoir être ou demeurer impunément « démocrate ».

que, si le fondement ne s'en rencontrait que dans l'idée chrétienne, là aussi, et là seulement, s'en pouvait rencontrer la véritable interprétation. Je voudrais y avoir réussi.

Je voudrais aussi que vous eussiez vu ce que ces raisons de croire ont d'*éternel* autant que d'*actuel ;* et je serais particulièrement heureux si cette observation, par laquelle je terminerai, pouvait servir à dissiper ce qu'il y a d'équivoque dans ces expressions aujourd'hui si répandues, mais si souvent mal prises et mal comprises, de « démocratie chrétienne » et de « christianisme social ». Le christianisme est le christianisme, social donc, à ce titre, sans qu'il soit besoin de le dire, et, quand on le qualifie expressément de ce nom, je crains que ce ne soit donner à entendre que le christianisme pourrait n'être pas social, et tout de même être le christianisme. Pareillement, Messieurs, le christianisme n'est ni aristocratique, ni démocratique, puisqu'il ne reconnaît de souveraineté qu'en Dieu, mais ce qui est vrai, c'est que, la démocratie ne pouvant trouver qu'en lui son principe et sa justification, sa force à la fois et son frein, tout ce qu'il a jamais gagné sur les esprits des hommes, c'est la démocratie elle-même qui l'a gagné, puisqu'aussi bien c'est l'égalité des conditions. Si le progrès de l'égalité des conditions est d'ailleurs « le fait le plus continu de l'histoire du monde », il ne se peut pas qu'il ne soit *providentiel*, au sens entier, au sens plein du mot, au sens théologique, au sens de Bossuet et de Calvin ; et ainsi nos raisons de croire, *actuelles* de l'accélération du mouvement démocratique en ce siècle, sont et demeurent *éternelles* de ce qu'il y a d'indestructible dans les aspirations des hommes, de tous les hommes, et de toutes les races, vers la Liberté, l'Égalité et la Fraternité.

423-02. — Imprimerie des Orphelins-Apprentis, F. Blétit,
40, rue La Fontaine, Paris-Auteuil.